AF573539

SVITE DE L'HISTOIRE de la Chine.

Imprimée en 1671.

VN peu aprés que la Relation de la Chine eust esté imprimée, deux Lettres sont tombées entre nos mains, que celuy mesme qui nous a envoyé la Relation, a fait tenir par deça, & qu'il a bien voulu addresser au Confesseur du Roy; I'ay creu estre obligé de donner au Public ce qui est contenu dans ces deux Lettres.

Donc sur la fin de la Relation, page trois cens quarante-huit & 349 il est dit que l'Empereur ordonnoit au Pere Ferdinand Verbies, d'examiner les deux livres du Mahometan; l'un est le Calendrier, & l'autre traitte du mouvement des Planetes; & d'en marquer les fautes dans un Memorial qu'il presenteroit au President du Tribunal des ceremonies, qui du temps de la persecution estoit le 2. Mandarin de ce Tribunal & est maintenant le premier. Le Pere Ferdinand Verbies ayant donc par ordre du Roy examiné ces Liures, & y ayant remarqué plusieurs fautes assez remarquables, presenta Requeste à l'Empereur, selon son desir pour luy en donner avis, & en mesme temps luy offrit le livre où estoient contenuës les fautes qu'il y avoit remarquées: Sa Majesté l'ayant reçeu, assembla les Princes du Sang, & tous les grands de la Cour dans le Palais pour examiner cette affaire: le Pere Verbies y fust aussi appellé & eut ordre d'expliquer publiquement en quoy consistoient les erreurs du Mahumetan, & tous ceux que l'Empereur avoit assemblez, les ayant ouys, conclurent que les choses de l'Astronomie estoient si subtiles & difficiles à comprendre pour en découvrir la Verité, qu'il en falloit venir à l'experience. Ce que l'Empereur approuva fort, & voulut que 20. grands Mandarins assistassent à toutes les observations & experiences qui se feroient. Ces Mandarins étoient partie Chinois & partie Tartares, & entre eux qu'il y eust deux principaux Colao, & tous les autres tirez des six grands Tribunaux de la Cour.

Le jour suivant le Pere Ferdinand & le Mahumetan furent appellez au Tribunal du Lipou, pour consulter avec luy & tous les autres Mandarins deputez, touchant les observations qu'on devoit faire & des instrumens dont on se devoit servir, & il fut arresté que cinq observations se feroient, qui toutes devoient échoir à la premiere Lune de la huitiesme année du Regne de l'Empereur Cam Hy, qui est l'année presente 1669. pour laquelle avoient esté faits les Calandriers du Mahumetan.

La premiere Observation estoit l'entrée du Soleil dans le quinziesme degré du Signe d'Aquarius par où les Chinois commencent leur Printemps, & tout ensemble leur nouvel An, à la premiere conjonction de Lune plus proche du 15. degré d'Aquarius.

La 2. l'entrée du Soleil dans le signe des Poissons, d'où s'inferoit qui ne devoit y avoir de mois Intercalaire, contre ce que le Mahumetan asseuroit.

La 3. le degré & minute du signe où se devoit trouver la Planete de Mars à tel temps & à telle heure d'une telle nuit.

La 4. le lieu de Iupiter.

La 5. La distance de la Lune & de l'Arcture.

Aprés il fut arresté d'un commun accord que chacun donneroit son calcul par écrit un mois auparavant, & le Pere Ferdinand donna aussi-tost le sien; mais le Mahumetan demanda du temps & au bout de trois ou 4. jours donna aussi le sien. Les Mandarins pressez du commandement de l'Empereur, avoient cette affaire fort à cœur, dés le 2. iour du nouvel Art, ils s'assemblerent pour traiter de cette affaire, & firent appeller le Pere Ferdinand & le Mahumetan à l'observatoire, ou en presence du Lypou, ils disposerent leurs instrumens, & y marquerent l'heure jusques aux minuttes, & le Pere ayant appliqué ses Dioptres sur la minute, y voulut mettre son sçeau, de peur qu'on ne changeast la situation, le 3. de Février determiné par le Pere Ferdinand pout l'entrée du Soleil dans le 15. degré d'Aquarius, les 20. Mandarins deputez se transporterent dés le grand matin à la Tour des observations avec grande suite de Mandarins inferieurs, & le Pere Ferdinand y estant arivé quelque temps devant l'heure du midy, chacun obſervant ce qui arriveroit preciſement à midy, ils furent ſurpris quand ils virent qu'à l'heure preciſe marquée par le Pere Ferdinand, le Rayon du Soleil entra par les Dioptres-juſtement dans le centre donnant ſur l'heure la minute deſignée par le Pere qui eut pareil ſuccez à toutes les autres obſervations. Pour le Mahumetan ſe trouvant loin de ſon compte, il avoüa ſes fautes & laiſſa la victoire au Pere, ce qui faſcha bien le 1. Colao Chinois & tous les autres de ce party, voyant la Mathematique d'Europe triompher de celle de la Chine.

Pour cela ils tacherent de ſurprendre le Pere Ferdinand ſur les jours heureux & malheureux& luy demanderent quel iour il falloit prendre pour baſtir une ſale que l'Empereur vouloit entreprendre dans ſon Palais. Le Pere répondit par ecrit qu'il ne s'occupoit qu'aux mouvemẽs des Planettes,& pour ce qui eſtoit des iours propres à l'agriculture ou autres choſes ſemblables qui ont quelque dependance des influences du Ciel & des Aſtres, il en avoit bien quelque connoiſſance. Mais que pour ce qui eſtoit des iours qu'ils appelloient heureux ou mal-heureux, il n'y avoit aucun rapport avec les Aſtres, & en ſuitte qu'il n'y avoit rien d'aſſeuré dont il n'entroit point en connoiſſance. Nos ennemis creurent que cela ſuffiroit pour decrediter le Pere Ferdinand aupres de l'Empereur, de le faire exclure de la Mathematique : Mais l'Empereur ayant ſceu ce qu'avoit fait le Colao, reſpondit à celuy qui luy avoit fait le rapport de ce que le Pere avoit dit, qu'il n'avoit pas commandé qu'on s'aſſemblaſt pour choiſir un bon ou mal-heureux iour, mais ſeulement pour examiner ſi le iour qui avoit eſté determiné par le Tribunal de la Mathematique, eſtoit conforme aux regles preſcrites dans le Kia, & ainſi le Pere Ferdinand demeura toûjours dans l'eſtime de l'Empereur qui reprocha au Mahumetan ſon ignorance.

Le 17. iour de Février ſur le ſoir, les 20. Mandarins s'aſſemblerent & furent coucher dans les maiſons voiſines de la Cour des Mathematiques pour obſerver pendant la nuit la diſtance que le Pere avoit determinée entre la Lune & l'Arcture, & le Pere m'avoüa, qu'à la veuë d'un ſi grand concours de Mandarins qui venoient avec un ſi grand train de chaires

& de chevaux, paſſer la nuit avec tant d'incommodité dans la plus grande rigueur de l'hyver, & conſiderant qu'il devoit eſtre le ſpectacle de tout ce grand monde aſſemblé, il fut ſaiſi de quelque crainte, ſur l'opinion que pluſieurs avoient que la Lune Tychonique ne correſpond pas ſi parfaitement au Ciel, qu'il n'y ait quelque manquement, & conſiderant qu'il avoit affaire à des ignorans qui trouvent eſtrange qu'il y ait deux minutes à dire du point deſigne ce que des perſonnes ſçavantes excuſeroient aiſément, ainſi il attendit avec quelque crainte l'euenement: Mais par une Providence de Dieu toute particuliere, ſon obſervation & ſon calcul furent trouvez ſi juſtes qu'il ne manqua d'une ſeule minute, & le Mahumetan s'en trouva fort éloigné. L'obſervation faite, chacun ſe retira. Et le matin du jour ſuivant ils retournerent tous à la Tour pour obſerver l'entrée du Soleil dans le ſigne des Poiſſons, où l'obſervation du Pere fut auſſi iuſte que les precedentes, & l'obſervation du Mahumetan fautive d'un jour & demy, comme le Pere l'avoit remarqué dans la correction de ſon Calendrier, ce qui ravit tellement en admiration les Mandarins deputez qu'ils ne cessoient de dire du bien de la Mathematique Europeane.

Ensuite ils donnerent avis à l'Empereur de tout ce qui estoit arrivé: ce Prince leur commanda de s'assembler derechef dans le Palais pour prendre une resolution finale touchant la Mathematique. Pendant ce temps la Yam-quam-siem pensoit aux moyens d'empescher le rétablissement de l'Astronomie Europeane; de sorte qu'appuyé de la faveur des deux Gouverneurs il fit une remonstrance par escrit à l'Empereur prouvant par diverses raisons qu'il n'estoit point à propos de se servir du Pere Ferdinand, parce qu'il estoit Predicateur de la Loy de Dieu. Cette raison si impertinente obligea l'Empereur de luy dire un co. v c'est à dire homme odieux & detestable & qui meritoit punition, pour vouloir empescher par ses calomnies & impostures qu'il ne se servist du Pere; mais qu'il luy pardonnoit encore cette fois: le jour suivant se fit l'assemblée ordonnée, où d'un commun accord il fut arresté que le Pere Ferdinand auroit soin desormais de faire les Calendriez, & que le Lipou consulteroit ensuite & donneroit avis à l'Empereur touchant le Mandarinat qu'il jugeroit devoir estre donné au Pere Ferdinand, & que pour le Mahumetan il fust envoyé au Lypou pour examiner le chastiment qu'il meritoit pour son opiniastreté à vouloir soustenir ses erreurs. Tous les Mandarins qui composoient l'Assemblée, souscrivirent à cette Sentence, sans faire aucune mention de Yam-quam-siem, parce que le Gouverneur Patorocum l'empeschoit par l'entremise de son fils qui estoit de l'Assemblée; contre le sentiment des Princes & de tous les autres, qui vouloient qu'il y fust compris. Cette sentence ayant esté presentée à l'Empereur, il trouva mauvais qu'on n'y eust point mis Yam-quam sien, & ordonna qu'on s'assemblast derechef & qu'on examinast pourquoy cet imposteur avoit accusé le Pere Adam touchant la Mathematique. On obeyt à l'Empereur, & dés le lendemain douze Princes du sang avec les autres s'assemblerent, & le premier de tous demanda à Yam-quam-sien, en presence du Pere Ferdinand, pourquoy étant si ignorant en Mathematique, comme il le confessoit luy-mesme, il avoit bien eu la hardiesse de censurer & accuser le Pere

Adam en cette matiere? Il fit des responses si absurdes & impertinentes que l'Assemblée en fut indignée, entr'autres que si on se servoit de la division du jour & de la nuit en 100. quarts suivant la Mathematique Chinoise, le Royaume seroit de plus longue durée : mais que si on usoit de la division des 96. quarts, comme vouloit le Pere Adam, il dureroit beaucoup moins. Les Princes sans passer outre, donnerent avis à l'Empereur d'une si extravagante proposition. L'Empereur aussi tost ordonna aux deux Gouverneurs d'assister à cette assemblée pour estre tesmoins de ce qui s'y passeroit, chose assez extraordinaire qui n'estoit point arrivée du Regne de cét Empereur qui vouloit toûjours avoir ces deux Gouverneurs à ses costez, & les laissoit encore gouverner à leur fantaisie, bien qu'il se fut declaré Majeur. Eux donc entrans dans l'assemblée, declarerent l'ordre de l'Empereur qui estoit une exhortation qu'il fit aux Princes & Mandarins assemblez, de se souvenir de l'équité & de la justice dans le jugement de cette affaire. Et là dessus on demanda à Yam-quam-siem., sur quel fondement asseuroit que le Royaume dureroit plus long-temps, si on se servoit de la division du jour & de la nuit en 100. quarts, plutost qu'en 96. Cet imposteur ne sçachant que respondre, eut bien l'effronterie de nier qu'il l'eust dit ce que l'Empereur ayant appris, ordonna qu'on s'en saisist, ce qui se fit aussi-tost, & il fut enchaisné de neuf grosses chaisnes, comme avoit esté le Pere Adam & l'à se termina l'Assemblée. Le lendemain il fut reconduit au Palais avec ses chaisnes appuyé sur deux Valets, & en cette posture fut presenté à l'Assemblée qui se tient dans le Palais exterieur, au mesme lieu où avoit esté jugé le P. Adam, si bien que tous commençoient à reconnoistre que la justice du Ciel le punissoit pour le mal qu'il avoit fait autrefois au Pere Adam, & des torts qu'il avoit fait à la sainte Loy de Dieu, & il le confessoit luy-même parlant à ses confidens. Mais il est icy à remarquer que les deux Gouverneurs craignans que dans l'Assemblée on examinast les raisons, pourquoy Yam-quam-siem avoit accusé le Pere Adam, firent ce qu'ils peurent aupres des Princes, afin que ce point ne fust point examiné, parce qu'eux mesmes estoient coupables, ayants esté complices de tout ce qui s'estoit passé contre le Pere Adam, & ainsi on ne fit autre chose en cette assemblée que d'examiner quelques points de Mathematiques, & entr'autres choses on demanda au Pere Verbiest, s'il n'y auroit point moyen de retenir la division du jour & de la nuit en 100. quarts receuë à la Chine depuis tant de Siecles, & aussi le mois intercalaire marqué dans le Calendrier du Mahumetan pour l'année presente, puisqu'il avoit esté desia publié par toutes les Provinces de cet Empire. Le Pere Ferdinand respondit que si on admettoit cette division des 100. quarts, on ne pouvoit pas facilement diviser le jour & la nuit en 24. heures égales comme nous faisons, ou en 12. comme font les Chinois, deux de nos heures n'en faisant qu'une parmy eux, de sorte que cette division seroit tres-difficile & plus embarassée & moins exacte sur les instrumens de Mathematiques. Et pour ce qui est du mois intercalaire, ils pouvoient faire ce que bon leur sembleroit : mais que cette erreur estoit tres-considerable, & que s'ils l'a laissoient passer, elle seroit à l'avenir la source de plusieurs autres fautes. Ils receurent ces raisons avec applaudissement & tous les Princes & les Mandarins en furent si satisfaits qu'ils luy commirent derechef le soin de faire desormais les Calendriers, & ordonnerent que Yam-quam-siem seroit envoyé au Tribunal des crimes, pour y recevoir la peine qu'il a meritée. Le Hempou qui y preside donna luy la mesme sentence qu'il avoit autrefois donnée contre le Pere Adam, & ensuite il fut condamné à estre haché & taillé en pieces en la mesme façon que j'ay descrite dans ma Relation. Il n'y eut personne dans l'Assemblée qui ne souhaitast l'execution de cette sentence; mais l'Empereur gagné par les deux Gouverneurs qui avoient pris Yam-quam-siem en leur protection, prononça la Sentence de cette sorte, Yam-quam-siem meritoit pour ses crimes le supplice determiné par le Hempou; mais dautant que les crimes dont il a accusé le Pere Adam, se sont trouvez veritables, l'Empereur se contente de le priver de son Office & de le mettre au rang du commun peuple. Cette Sentence suggerée par les Gouverneurs fut trouvée tres inique, dont nos Peres furent sensiblement affligez, tous nos amis & sur tous les premiers Princes du Sang, les voulans consoler, leur dirent que les deux Gouverneurs avoient fait cela non pas tant poussez de la haine contre la Loy de Dieu, que du desir de pourvoir à leur propre seureté, & éviter les peines qu'ils meritoient pour avoir injustement condamné le Pere Adam, & qu'ils croyoient se mettre en quelque façon à couvert, faisants ratifier à l'Empereur cette Sentence contre le P. Adam; mais qu'ils eussent un peu de patience, que dans peu de temps ils verroient leur grand credit abbatu, & qu'apres leur cheute & luy & nos autres amis ne manqueroient pas de parler à sa Majesté en faveur de la Loy de Dieu, sçachant bien que l'Empereur la tenoit pour veritable, & qu'ils feroient ensorte que les crimes dont le Pere Adam estoit accusé, passeroient pour calomnies.

Et en effet aussi-tost apres la sentence donnée, le Lypou fit appeller le Pere Ferdinand & luy parla en termes fort honorables du Pere Adam, & à mesme temps presenta une requeste à l'Empereur où apres avoir donné de grands Eloges au Pere Ferdinand, il insista à ce que sa Majesté luy voulut donner la charge de President du Tribunal des Mathematiques qu'on avoit osté à Yam-quam-siem: ce que les 2. Gouverneurs avoient toûjours empéché, disant à l'Empereur que c'estoit trop pour le pere, & qu'il suffisoit de luy donner la charge d'Assesseur qui est la seconde du Tribunal. Mais le Pere étoit bien éloigné de penser à toutes ces charges, se souvenant de sa profession. Il presenta plusieurs Requestes pour s'en excuser, representant à sa Majesté, que sans aucune charge, il pouvoit rendre les mesmes services qu'on exigeoit de luy dans le Tribunal des Mathematiques, & non content de ces requestes, & luy & les autres Peres de la Cour employerent plusieurs personnes de consideration pour obtenir l'exemption de ces charges. Mais à tous ceux qui en parlerent à l'Empereur il répondit que ce n'estoit pas la coûtume de la Chine que sa Majesté se servist d'une personne & sur tout étrangere en chose de telle importance, sans l'honorer de la charge de Mandarin, & qu'il vouloit absolument que le Pere l'acceptast, & ainsi il fallut obeïr.

Peu de temps apres l'Empereur suivant

l'advis du Pere Ferdinand ordonna que cette année, il n'y auroit point de mois intercalaire, & qu'on ne compteroit que douze Lunes, ce qui fut publié selon la coustume par toutes les Provinces & Villes du Royaume. Pour le Mahumetan, il meritoit d'estre puny aussi bien que Yam-quam-siem : Mais à la priere des deux Gouverneurs, contre l'avis de tous les Princes, il fut maintenu en sa charge, mais avec commandement de se soûmettre au Pere en tout ce qui regardoit la Mathematique, avec menace d'un severe châtiment s'il n'obeïssoit.

Le Pere Ferdinand ne fut pas plûtôt declaré Mandarin ; que tout le Tribunal de la Mathematique en corps le vint trouver pour le conduire au Palais où l'Empereur le receut avec beaucoup d'affabilité, & luy proposa beaucoup de questions curieuses, & puis le mit dans la possession de la maison du Pere Adam. Le 4. d'Avril il fit appeller tous nos Peres & s'entretint avec eux dans une sale de son Palais prés de deux heures, apres lesquelles il se trouva obligé de donner audiance aux Gouverneurs & aux Colao, & cependant il fit conduire les Peres dans une chambre

bre voisine, où il leur envoya une collation de fruits dans quatre grands plats de fin or, dans lesquels il y avoit 24. œufs d'Oye, salez & blancs comme neige, dont on fait grand cas en ce pays, faveur tout à fait extraordinaire. L'audiance estant finie, sur les trois heures, il fit appeller les Peres, pour leur faire voir toutes les pieces curieuses, que le Pere Adam & autres Peres avoient offertes au defunt Empereur son Pere, & leur en demanda l'usage, à quoy les Peres ayant satisfait, il retint celles qui se trouvoient entieres & en estat de servir, & mit entre leurs mains celles qui avoient besoin d'estre racommodées, il y avoit en tout huit ou neuf pieces, deux Globes celestes, un compas de proportion, une boëte d'argent, qui contenoit une horloge, & servoit à plusieurs usages de Mathematiques, un instrument pour sçavoir à la fin du iour, combien de lieuës on avoit marché, un autre instrument pour faire avec facilité d'une grande peinture, une petite; ou au contraire d'une petite, une grande, un étuy de plusieurs pieces fort curieuses, un Astrolabe. Les Peres se servirent de cette occasion pour offrir à sa

Majesté un present qu'ils tenoient prest, il y avoit long-temps & qui luy fut tres-agreable. Vers la nuit l'Empereur les congedia, & estans partis, il parla d'eux aux Grands de sa Cour auec beaucoup d'affection & d'estime, disant que c'estoit à tort qu'on luy avoit donné de mauvaises impressions de leurs personnes, & qu'il les trouvoit bien differens de ceux dont on luy avoit parlé; que la Loy qu'ils enseignoient, estoit bonne & sainte, & qu'il n'y trouvoit à redire que les Assemblées de ceux & celles qui l'embrassoient; parce qu'effectivement toutes sortes d'Assemblées, à la reserve de celles qui se font par ordre de l'Empereur, sont suspectes dans la Chine, & severement defenduës par les Loix du Royaume.

Le lendemain cinquiesme d'Avril, les Peres offrirent à l'Empereur une Statuë qui marchoit par quelques ressorts. C'estoit un Capitaine, qui pendant un quart d'heure marchoit sur une table avec une espée nuë à la main droite, & un bouclier au bras gauche, & de plus une machine faite par le Pere Ferdinand par le moyen de laquelle un enfant de huit ou neuf ans pouvoit facilement souslever un poids de quarante ou cinquante quintaux. Ils luy firent aussi un present de diverses perspectives de Palais Europeans & Chinois, de montagnes & rivieres, le tout peint dans PEKIM par un Peintre Chinois, conduit & dressé par le Pere Buglio. Ces Peintures & les autres pieces furent aussi agreables à l'Empereur, & ravirent tellement en admiration tous les Grands qui se trouverent à la Cour, qu'un d'eux dît à l'Empereur qu'à moins d'estre un grand Sage ou un grand Saint, il n'estoit pas possible d'inventer de si belles pieces. Les Peres y adiouterent encore une horloge de musique & de guerre si agreable à l'Imperatrice qu'elle voulut la garder dans sa chambre. Mais les Peres visans tousiours à leurs desseins, dresserent une petite Relation en langue Chinoise des choses d'Europe, pour respondre à plusieurs questions que l'Empereur avoit faites, & ils ne manquerent pas d'y inserer quelle estoit la Religion qu'on suivoit en Europe & des Predicateurs de cette Loy. l'Empereur la fit traduire en Langue Tartare, quoy qu'il sçache fort bien la Langue Chinoise. Tout cet entretien qu'il avojt eu avec eux, luy avoit donné tant de contentement, que le neufiesme iour du mesme mois, il les fit derechef appeller, & les fit approcher si pres de sa personne qu'entre sa Majesté & eux il n'y avoit qu'un seul Eunuque Illes mit sur plusieurs questions de philosophie & Mathematiques si ingenieuses qu'elle ne pouvoit partir que d'un esprit subtil & delié. Apres quoy il les voulut oüir chacun en sa langue, c'est à dire Italien, Portugais, & Flamand. Le 14. il leur envoya 3. Images que nos Peres avoient autrefois donnée à l'Empereur defunt: l'une estoit Saint Iean Baptiste, l'autre Saint Marc sur des lames de cuivre, & la troisiesme estoit la Sainte Vierge, tenant son fils entre ses bras toute d'Ambre; & il leur tesmoigna qu'il eust bien desiré d'eux une grande Sphere d'argent, & leur bailla pour cela tout l'argent necessaire à cét ouvrage, avec les Artisans, dont ils se voudroient servir: de quoy tous les amis que les Peres ont à la Cour, se réjoüissoient bien fort, aussi bien que des continuelles visites d'Eunuques, Gentils-hommes & Pages de sa Chambre qui alloient souvent chez les Peres.

Tous ces succez donnoient bien avant dans le cœur de Yam-quam-siem, qui ne sçachant plus quels moyens trouver pour en empescher le progrés, se servit de quelques diseurs de bonne avanture, & entr'autres d'un insigne imposteur envoyé des Provinces, & fit tant qu'appuyé de la faveur des deux Gouverneurs ennemis des Peres, il luy obtint un Mandarinat dans le Tribunal des Mathematiques, quoy qu'il y fust tout à fait ignorant, mais estant presenté à l'Empereur, & luy ayant promis qu'il luy diroit les choses futures, presentes & passées, & pour cela envoyé pour estre examiné au Tribunal des Colao; ils le mirent à l'épreuve. On le mena donc à la Tour des observations, où il fut un sujet de risée à tout le mõde, ne sçachant par quel bout prendre les instrumens de Mathematique. Cela obligea les Mandarins de presenter Requeste, pour demander punition de cette effronterie; mais il n'y a rien à esperer, tandis que les deux Gouvernemens seront en credit; & c'est pour cela que les Peres n'ont pas voulu faire encore paroistre leur Livre, contenant quatorze réponces aux quatorze Chefs, dont nous estions accusez par Yam-quam-siem, ny parler du restablissement du Christianisme, & ce par l'avis de nos amis, qui nous ont prié d'avoir un peu de patience.

Cependant, l'Empereur continuoit tousiours à appeller les Peres au Palais, & s'entretenoit familierement avec eux; & quand il ne pouvoit, à cause de ses affaires, les entretenir, il commandoit aux Intendans de sa maison, de leur tenir compagnie, & leur offrir le cha, qui est la boisson ordinaire, par une faveur singuliere. Le 19. d'Avril, il fit appeller les Peres, & souhaita qu'ils y demeurassent iusques à la nuit. Sur le soir ayant fait apporter dans une grande court les deux Globes Celestes que le Pere Adam avoit autrefois presenté à sa Majesté defunte, l'Empereur assis & environné des Grands de sa Cour, fit approcher le Pere Ferdinand tout prés de sa personne, & luy demanda l'usage de ces Globes. Ce qu'il fit bien intelligiblement, & puis il les congedia sur les dix à onze heures du soir, & à chaque porte ils trouvoient des Corps-de gardes bien étonnez de voir si tard dans le Palais des Estrangers avec un Intendant qui les conduisoit & faisoit ouvrir toutes les portes déja fermées. Le 30. l'Empereur les ayans derechef appellez, nos Peres prirent occasion de luy parler de la Ville de Macao; & le Pere Ferdinand luy presenta la figure de l'Eclipse du Soleil qui devoit arriver ce iour là par tout le Royaume, dont l'Empereur en tesmoigna une joye nompareille. Peu apres l'Empereur prenant son repas, envoya selon sa coustume, quelques fruits de sa table aux grands Mandarins qui se trouverent presens: mais on remarqua qu'il en avoit envoyé beaucoup plus au Pere Ferdinand qu'à tous les autres. Apres son repas il s'en alla observer l'Eclipse qui arriva au mesme temps que le Pere l'avoit marqué, & il l'observa exactement pour voir si elle correspondoit à la figure que le Pere luy avoit presentée, & il luy témoigna de la joye comme il revenoit de l'observatoire, où il l'avoit veuë avec les autres du Tribunal.

Le 9. de Iuin iour de la Pentecoste les Peres allerent offrir à l'Empereur la grande Sphere d'argent qu'il trouva fort belle, & le Pere Ferdinand luy en enseigna les principaux uſages,leſquels il comprit avec facilité,Dieu l'ayant doüé d'un tres-bel eſprit : Et de plus le Pere luy promit l'explication entiere des autres uſages , composée en langue Chinoiſe par le Pere Adam. Le 12. l'Empereur par ſon Intendant,envoya un preſent de deux cens eſcus,& de neuf grandes pieces de beau ſatin, c'eſt à dire deux cens livres à chacun, & trois aulnes de ſatin. Ils ne pûrent pas refuſer ce preſent, ſans paſſer au moins pour incivils dans la Chine,où la couſtume eſt de ne refuſer iamais ce qu'un Grand donne à un moindre. Les Peres allerent en remercier l'Empereur, qui demanda au Pere Ferdinand , pourquoy il faiſoit tant de difficulté d'accepter la charge de Mandarin. Le Pere luy reſpondit que noſtre Profeſſion Religieuſe ne ſembloit pas compatir avec ces grandes Charges : Mais ſi je vous le commande, repliqua l'Empereur? Le Pere le pria de le laiſſer vivre en ſa Profeſſion de Pauvre Religieux,& lors le pere Magalhans prenant la parole, dît à l'Empereur par une ſainte exaggeration, que s'il plaiſoit à ſa Majeſté d'en diſpenſer le Pere, tous les Monarques Chréſtiens de l'Europe luy en sçauroient bon gré. A quoy l'Empereur ne donna autre réponse qu'un doux souris .Les Peres non contens de cette instance firent de nouveaux efforts par le moyen de quelques Grands de la Cour, & par les Eunuques & Pages de la Chambre, que l'Empereur enfin revoqua l'ordre qu'il avoit desia donné pour obliger le Pere à prendre cette charge , bien que l'ordre eust desia esté publié ,ne voulant pas violenter l'inclination du Pere Ferdinand.

Nous voicy enfin arrivez à la fameuse cheute de ces deux Gouverneurs qui restoient des quatre constituez pour l'Administration du Royaume pendant la minorité de l'Empereur & sur tout de celuy qui estoit si contraire à nostre Sainte Loy , & estoit fauteur & protecteur de Yam-quam-siem , où paroist manifestement la Iustice de Dieu. Voicy comme la chose se passa. Le 14. de Iuin l'Empereur de grand matin fit appeller tous les Princes du Sang , comme s'il n'eust eu autre dessein que de passer quelque temps à tirer de l'Arc : & en effet ils passerent quelque temps à cet exercice : mais peu de temps apres changeant de visage : Il leur fit une severe reprimande de ce que voyant la mauvaise conduite de Patorocum, & n'ignorant pas les crimes enormes, dont il estoit coupable, & les secrettes intelligences qu'il avoit pour renverser l'Estat, ils n'en avoient pas donné avis à sa Majesté. Les Princes se prosternerent aussi-tost, & frapant plusieurs fois la teste contre terre, demanderent tres-humblement pardon à sa Majesté; & en mesme temps l'Empereur commanda au plus ancien de tous les Princes d'aller promptement se saisir de Patorocum, & de toute sa famille; ce qu'il executa sans delay. On prit aussi tous ses parens jusques au troisiesme degré, & tous les Mandarins de sa faction, dont le nombre alloit jusques à 900. entre lesquels il y avoit un Prince du Sang, un Colao & plusieurs grands Mandarins quasi tous Tartares: On commença d'abord à luy faire son procez, & il estoit tous les jours conduit au Palais dans une charette à bœufs, chargé de chaînes, & environné de Soldats, pour y comparoistre devant les Princes du Sang qui luy furent donnez pour Iuges. Dés la premiere interrogation qu'on luy fit, il confessa tous ses crimes dont il estoit accusé, de peur d'estre mis à la question, s'il en eust nié un seul. Nous n'avons pas sçeu encore à Canton quelle fut la Sentence que les Princes porterent contre luy & ses complices, parce que lors que nos Peres nous escrivirent de Pekin, la sentence n'avoit pas encore esté prononcée : mais la Gazette qui est posterieure à leur lettre, dit que l'Empereur par l'Arrest qu'il porta, ses biens furent confisquez, son Fils aisné executé à mort avec le Colao, & six ou sept autres grands Mandarins, tous ses autres enfans & parens faits esclaves & distribuez sous diverses banieres. Et pour ce qui est de sa personne, l'Empereur ayant égard aux services qu'il avoit rendus à l'Estat pour avoir beaucoup contribué à la conqueste de cette Monarchie, & à l'establissement de l'Empire, luy fit grace de la vie, & se contenta de le condamner à une prison perpetuelle entre quatre murailles d'une hauteur extraordinaire, où il est tres-estroittement gardé, chastiment qui luy est plus rude & plus fascheux que s'il l'eût condamné à perdre la vie, aussi croit-on qu'il est pour mourir de regret.

Pour ce qui est de l'autre Gouverneur

nommé Erbecum parent de l'Empereur, il n'estoit pas si méchant ny si mal dans la haine des Grands, & du Peuple que Batorocum, ayant esté examiné, on trouva qu'il n'avoit pas trempé dans la conjuration de ce premier Gouverneur; c'est pourquoy sa Majesté ne le traitta pas si rudement. Il le fit venir en sa presence, & apres luy avoir fait de sanglantes reproches de ce qu'il ne luy avoit pas donné avis des crimes & malversations de son Collegue dans l'administration de l'Estat, il luy fit ce dilemme : ou vous avez sceu les crimes de Patorocum, où vous ne les avez pas sçeu : si vous ne les avez pas sçeus, estans si clairs & manifestes, vous estes un homme sans iugement & incapable de la charge où vous avez esté eleué: que si vous les avez sceus & que par crainte du mal qu'il pouvoit vous faire, vous n'ayez pas osé me le dire vostre crime merite un chastiment exemplaire : neantmoins parce que vous avez peché plus par crainte & simplicité que par malice je vous donne la vie, mais ie vous degrade de Noblesse, & vous prive de tous vos titres, dignitez & appointemens. Ce Gouverneur n'eut autre peine que celle-là, encore l'Empereur eut asſez de bonté de donner quelque temps apres à ſon fils aiſné une partie de ſes Charges, Dieu le permettant ainſi par l'équité de ſa iuſtice, parce que de tous les Gouverneurs conſtituez pour l'adminiſtration du Royaume, pendant la minorité de l'Empereur, ce dernier avoit eſté plus moderé, & n'avoit fait que condeſcendre & ſouſcrire par laſcheté & complaiſance à la ſentence des autres, cette tragedie n'eſt pas encore achevée, on nous eſcrira de la Cour, ce qui aura eſté fait enſuite.

Ce qui eſt remarquable à noſtre égard eſt que l'Empereur apres avoir envoyé chez nos Peres un Eunuque & un Page, pour leur donner avis de ce qu'il avoit fait, ſe perſuadans qu'ils ne l'auroient pas deſagreable, bien informé de ce qu'avoit fait ce Gouverneur contre noſtre Sainte Loy, & de ce qu'il eſtoit fauteur & protecteur de Yam-quam ſiem, noſtre ennemy capital, & depuis les envoya encore viſiter deux fois. Ces teſmoignages d'affection & de bien-veillance extraordinaire, nous donnent ſujet d'eſperer plus que jamais le reſtabliſſement du Chriſtianisme, au moins dans Pekim. Ce que nos Peres ont grandement à cœur, & y employent tout ce qu'ils ont de credit & d'amis.

Le 19. de Iuin l'Empereur fit appeller les Peres par deux Gentils-hommes de sa Chambre qui leur dirent qu'ils eussent à venir au plutost, parce que sa Majesté les attendoit pour leur parler. Les Peres aussi-tost monterent à cheval, & arrivans aux Palais, trouverent que tout y estoit en armes, & les Gardes redoublées à toutes les Portes à l'occasion de la prise du Gouverneur Patorocum, qui avoit esté arresté quatre ou cinq iours auparavant, & dont le credit estoit si redoutable & la faction si puissante, que l'Empereur ne se tenoit pas en asseurãce, & ne se laissoit voir qu'à bien peu de personnes, si bien que les Peres eurent beaucoup de difficulté d'entrer & penetrer iusques où estoit l'Empereur, dautant que les Gentilshommes qui les estoient venus demander de la part de sa Maiesté, s'en estoient retournez sans les attendre, neanmoins lors qu'on sçeut que l'Empereur les appelloit, ils furent admis & trouverent sa Maiesté dans une grande sale assise dans un fauteüil, l'épée au costé contre son ordinaire, & devant luy trois coussins qu'il avoit fait preparer pour les Peres, afin qu'ils pussent sans incommodité se tenir long-temps à genoux. Apres diverses questions curieuses, touchant le voyage d'Europe à la Chine, l'Empereur changeant tout d'un coup de discours, & prenant un maintien severe, avec un ton de voix qui faisoit voir l'alteration de son esprit, demanda aux Peres pourquoy le Lypou du Tribunal des Rites, avoit esté si hardy que de briser l'Eloge que son Pere avoit donné au Pere Adam, ce que l'Empereur avoit appris d'un Page de la Chambre, & d'un Eunuque qui en avoient véu les pieces dans l Eglise. Les Peres dirent à sa Majesté comme la chose s'estoit passée, excusant le Lypou, autant qu'il leur fut possible, l'asseurant qu'il l'avoit fait non pas de son propre mouvement : mais par ordre des Gouverneurs, ausquels il ne pouvoit se dispenser d'obeïr. Ensuite les Peres jugeans qu'il estoit temps de parler en faveur de nostre sainte Loy & qu'ils ne pouvoient pas en avoir une occasion plus avantageuse, apres avoir plusieurs fois battu de la teste contre terre & arrousé le pavé de leurs larmes, un d'eux parla en cette sorte; Van soi, c'est à dire dix mille ans de vie (qui est le titre qu'on donne aux Empereurs dans la Chine, quand on leur parle qui correspond à nostre parole. Sire) Yam-quam-siem nostre ennemy nous a accusé de trois crimes: 1. d'erreurs dans la Mathematique, 2. de precher une fausse & pernicieuse Loy, 3. de Rebellion. Pour le premier chef il a esté fort exactement examiné par l'Assemblée generale des Princes & des grands Mandarins, qui a donné sentence contre Yam-quam-siem; & a preferé nostre Mathematique à la sienne; mais les deux autres points qui sont bien plus importans, n'ont pas esté encore examinez, nous supplions tres-humblement vostre Majesté de les vouloir faire examiner; & si on nous trouve coupables nous sommes contens qu'on nous fasse mourir. Que si nous sommes exemps de crime, nous supplions vostre Maiesté de declarer nostre Innocence, ne pouvans pas demeurer dans vôtre Royaume avec cette double marque d'Infamie. L'Empereur l'ayant escouté avec attention, respondit qu'il estoit pleinement

pleinement informé ſur cette affaire, & qu'il s'en ſouviendroit, & s'eſtant apres entretenu avec eux plus de deux heures, il les congedia. Deux jours apres l'Empereur ayant donné commiſſion à quelques Princes du Sang, de ſe tenir dans ſon Palais, pour eſcouter les plaintes & recevoir les requeſtes de tous ceux qui pendant l'adminiſtration de Patorocum auroient eſté injuſtement opprimez, nos Peres allerent avec les autres preſenter leur Requeſte. Ils ſe mirent à genoux devant les Princes ſuivant la couſtume; mais les Princes les firent incontinent relever & receurent leur Requeſte avec joye; mais le Lypou ou Preſident du Tribunal des Rites qui ſe trouva là par ordre de l'Empereur pour traduire les Requeſtes Chinoiſes en Langue Latine, en ſceut tres mauuais gré aux Peres, parce qu'ayant eſté fauteur de noſtre perſecution, il craignoit, & avec raiſon, que l'Empereur ne le chaſtiaſt. Il s'eſtoit reconcilié avec les Peres, & pour reparer en quelque façon le mal qu'il nous avoit fait, auoit contribué de tout ſon pouvoir au reſtabliſſement de noſtre Mathematique; mais dés qu'il apperceut que nos

Peres poursuivoient aussi le rétablissement de la Loy de Dieu, il s'y opposa de toutes ses forces & se declara leur ennemi en toutes rencontres: Neanmoins il fut obligé de traduire leur Requeste, laquelle par une speciale faveur des Princes, fut mise entre celles du premier ordre, & presentée à l'Empereur par un de ses alliez, lequel en fit luy-mesme la lecture à sa Majesté. L'Empereur la renvoya avec quelques autres aux six grands Tribunaux de la Cour, chacune conformément à la qualité des affaires qu'elle cõtenoit, & ainsi celle des Peres fut renvoyée au Tribunal des Rites qui estoit le pis qui peût arriver aux Peres ; mais ils obtinrent qu'elle fust évoquée à l'Assemblée generale des Princes & grands Mandarins. Le iour suivant l'Empereur fit trencher la teste à six grands Mandarins Tartares pour estre partisans & complices de Patorocum, & pour avoir disposé des Offices de Mandarins, selon leur caprice, sans avoir égard aux merites & à la Iustice, les vendant à prix d'argent à des personnes indignes. Les six Mandarins à qui on trẽcha la teste, furent le premier President du Tribunal des Mandarins des lettres de tout le Royaume avec son Assesseur. Le Hempou Superieur Mandarin du Tribunal des armes. Le frere aisné de Patorocum avec un neveu, & un petit fils du mesme Patorocum. Ils passerent tous devant la porte des Peres pour aller au lieu du supplice, le baillon à la bouche. Pour le mesme suiet fut encore mis à mort, le premier Colao Tartare qui fut par grace estranglé. Patorocum eut la vie sauve, contre le sentimẽt de tous les Princes ; mais il fut condamné à une prison perpetuelle avec un sien frere & un sien fils, tous trois dans des prisons separées. Vn des premiers Princes du Sang fut privé de sa principauté, & rabaissé à la qualité de Comte pour avoir espousé une niece de Patorocum, tãt le nom & la personne de cét homme estoit odieux à l'Empereur & à toute la Cour. Les biens de tous furent confisquez, apres quoy on donna à chacun deux cens coups d'étrivieres. Outre tout cela, il en reste encore plusieurs en prison, attendant leur Sentence.

Le 30. l'Empereur envoya aux Peres 3. grands poissons & 30. petits qu'il avoit peschés luy mesme dans un estang de son

Palais, faveur ſinguliere qui ne ſe communique qu'aux Princes du Sang, & rarement. Les Peres allerent auſſi-toſt au Palais pour en remercier l'Empereur qui les y appella le 22. de Iuillet. Ils n'y allerent que deux, le troiſiéme étant demeuré malade. L'Empereur voyant qu'il n'y étoit pas, s'enquit de ſa ſanté & de la qualité de ſa maladie, & s'entretint avec les deux autres des coûtumes d'Europe.

Le 14. le Pere Ferdinand alla au Palais, ſans eſtre appellé, ſous pretexte de preſenter Requeſte; mais en effet pour luy parler de noſtre foy. Apres donc qu'il eut preſenté ſa Requeſte, il ſupplia tres-humblement ſa Majeſté, & avec beaucoup de larmes, qu'il luy pleuſt le tirer d'infamie avec les autres Peres, nos ennemis nous ayant noircy comme gens qui enſeignoient une fauſſe loy & pernicieuſe. L'Empereur luy reſpondit qu'il s'en ſouviendroit. Le Pere ne ſe contentant pas de cela, pria un Eunuque qui venoit ſouvent à leur logis, de parler à l'Empereur, à ce qu'il pleuſt renvoyer noſtre affaire à l'Aſſemblée des Princes & autres Grands de la Cour, ce que l'Eunuque executa avec toute fidelité & avec un ſi heureux succez, que trois iours apres, l'Empereur contre l'attente de tous & à la grande confusion du Lypou, ordonna que les points proposez dans la requeste des Peres, fussent examinez par l'Assemblée generale des Princes & grands Mandarins, laquelle fut convoquée à cet effet le 10. d'Aoust. Dez que l'on commença l'article de nostre sainte Loy, quelqu'un des Princes commença à opiner de cette sorte; puisque la Mathematique Europeane est si iuste & si infaillible qu'on n'y peut pas remarquer la moindre faute, qui doutera que la Loy de Dieu ne soit aussi veritable, puisqu'elle vient du mesme pays, & que ceux qui la prechent, sont les mesmes qui nous enseignent cette science? Cét argument fut estimé si plausible, & si convainquant dans l'esprit des autres Princes & Mandarins Tartares, que sans autre deliberation, ils estoient resolus d'approuver la sainte Loy de Dieu, & d'accorder aux Predicateurs tout ce qu'ils demandoient dans leur Requeste. Mais les Mandarins Chinois s'y opposerent, & ainsi ce iour là rien ne fut arresté.

Le lendemain on tint la seconde seance

où fut cité Yem-quam-ſiem, qui de nouveau nous accuſa de preſcher une fauſſe Loy; pour preuve de quoy il apporta que nous aſſemblions hommes& femmes enſemble dans nos Egliſes, ce qui eſt de tres mauvaiſe odeur dans la Chine. Les peres répondirẽt que cela n'eſtoit pas vray. Yam quã-ſien repartit: I'ay neantmoins demeuré dans la maiſon du pere Adam, & je ſçay qu'à la partie Orientale de cette maiſon, il y a une Egliſe de femmes avec une porte de derriere qui correſpond à ladite maiſon. Les peres avoüerent bien qu'il y avoit là une Egliſe de femmes : mais ils nierent que les hommes y euſſent accés, & adiouſterent qu'il n'y avoit aucune autre porte que celle qui eſtoit ſur la ruë publique ; comme il eſtoit aiſé de voir. A ce mot d'Egliſe de femmes que nos Peres sembloiẽt avoüer, nos meilleurs amis eurent du deplaiſir & de la confuſion; & enſuite l'on demanda aux peres à quel deſſein ils aſſembloient des femmes ? Mais il leur fut aiſé de répondre, comme ils firent, que c'eſtoit pour précher la Loy de Dieu & les inſtruire à la priere toutes en commun. Mais cette raiſon ne leur ſuffit pas, à cauſe de la jalouſie incroyable qu'ils ont pour leurs femmes ; & d'ailleurs estants tous plongez dans les plaisirs des-honnestes, ils ne peuvent se persuader qu'il y ait d'autre conversation des hõmes avec les femmes, que celle qui tend à cela. D'où l'on peut voir la grande difficulté qu'il y aura à travailler en ce pays à la conversion de ce sexe. Et quoy que cette difficulté fust déja applanie devant la persecution ; maintenant neanmoins si nôtre Christianisme vient à se rétablir, les Predicateurs n'auront de long temps liberté d'assembler les femmes dans l'Eglise ; sur tout pour ne pas donner aux Infidelles qui ne nous connoissent pas, la moindre occasion de parler mal de nostre sainte Loy, & de ceux qui la prêchent.

La malice de Yam-quam-siem, ne s'arresta pas là ; il renouvella toutes ces anciennes calomnies & nous accusa de rebellion, disant que nous estions logez dans les meilleurs hostels de la Chine, sous pretexte de bastir des Eglises ; mais effectivement à dessein d'envahir le Royaume, comme nous avons envahy celuy des Philippines, & attenté à celuy du Iapon. Les peres refuterent une si noire calomnie avec de puissantes raisons, & presenterent à l'Assemblée une Apologie qu'ils avoient fait imprimer autrefois, où estoient refutez plus au long tous les crimes que cét homme nous imposoit. Ce qui obligea le premier Prince & plus ancien qui presidoit, de commander au Lypou de recevoir cette Apologie; & les peres prierent l'Assemblée de vouloir serieusement examiner le crime de rebellion, qui estoit une marque d'infamie qui nous demeureroit, si nous en estions convaincus. Cét imposteur fut donc interrogé juridiquement, & on luy demanda quel fondement il avoit pour nous accuser d'un tel crime, où estoient nos soldats, nos finances & tous les autres preparatifs necessaires à une telle entreprise? A quoy il respondit qu'il avoit oüy dire à un certain homme appellé Chu, que les Habitans de la Ville de Macao ne demeuroient dans ce poste qu'à dessein de conquester la Chine par nostre moyen, & que cét homme estoit à Canton, & adiousta plusieurs choses aussi ridicules qui firent perdre patience à toute l'Assemblée, si bien que l'ayant fait retirer, on delibera si on devoit se saisir de sa personne, &

on concluoit desia de l'emprisonner pour luy faire son procez, lorsque les Mandarins Chinois s'y opposerent. Cela deplut si fort au Prince qui presidoit, que ne le pouvant souffrir, il s'écria en colere, quelle iniustice! Si ces pauvres gens estoient coupables du crime dont cét homme les accuse faussement, nous ne leur pardonnerions pas; mais nous nous saisirions aussi-tost de leurs personnes & nous les punirions severement; & vous voulez que le crime de cét homme soit impuny? Ayant dit cela, il deputa trois grands Mandarins pour aller en donner avis à l'Empereur, & sçavoir sa volonté là dessus. L'Empereur ordonna qu'il fust saisi au corps & qu'on luy fist son procez. Il fust donc apprehendé & constitué prisonnier en presence des Peres. Et comme on l'y mettoit les chaînes au col & aux mains, il eut bien la hardiesse de menacer les Princes, disant qu'ils s'en repentiroient quelque iour, mais trop tard; & que l'Empereur même voyant la verité de sa prediction, luy offriroit des sacrifices en action de graces, & ainsi finit la seance de ce iour là.

Le 14. on s'assembla pour la troisiéme

fois, & on conclud entr'autres choses, que les Peres qui estoient dans l'exil de Canton, seroient rappellez à la Cour avec les trois autres qui étoient à Pekim, & qu'ils pourroient exposer les saintes Images dans les Eglises pour leur rendre la veneration convenable en particulier; mais qu'il ne seroit pas permis aux Chinois de les exposer dans leurs maisons, ou les honorer dans les Eglises. Les Peres firent ce qu'ils purẽt pour empescher l'execution de cette sentence si peu favorable, & pour en obtenir une autre plus avantageuse. Ils eussent bien voulu parler à l'Eunuque qui les avoit desia si bien servy; mais luy ne pouvant sortir du Palais sans ordre de l'Empereur, ils ne sçavoiẽt à qui avoir recours, lors que la Providence de Dieu les consola, inspirant à l'Empereur d'envoyer l'Eunuque à leur maison, où il vint le lendemain pour leur apporter l'horloge de musique qu'ils avoient offerte à sa Majesté, les priant de la raccommoder. Les Peres ravis d'une si belle occasion, se mirent à genoux, comme recevant un ordre de l'Empereur, & le prierent avec instance de demander de leur part à sa Majesté qu'il plust nous permettre de prescher la Loy de Dieu dans son Royaume; comme nous faisions du vivant de l'Empereur son pere. Mais comme il n'avoit rien à presenter à sa Majesté de leur part, parce que l'horloge assez curieuse que luy faisoit le pere Ferdinand n'estoit pas encore achevée, l'Eunuque n'osa demander à l'Empereur, ce que les peres luy avoient recommandé. Mais Dieu toucha le cœur de l'Empereur qui ne confirma pas la Sentence donnée par cette Assemblée, & ordonna qu'on s'assemblast derechef pour examiner plus serieusement nostre affaire. Les peres en ayans eu avis, allerent en diligence visiter le prince qui avoit de l'affection pour eux, afin de le remercier de ce qu'il avoit fait & dit en leur faveur dans la precedẽte Assemblée, & de luy demander son assistance pour la suivante. Ce prince leur témoigna le déplaisir qu'il avoit de ce que dans la Sentence on avoit adjoûté cette clause, qu'il seroit permis aux seuls Europeans d'exposer les saintes Images, & que c'estoit un trait de la malice du Lypou qui l'avoit fait sãs ordre. Et ensuite pour témoigner l'extrême desir qu'il avoit d'assister les peres, il leur dît: Allez trouver mon beau-frere qui eſt voſtre amy , & priez-le de ſe trouver à l'Aſſemblée,& de faire enſorte que ſon frere aiſné qui eſt le beau-pere de l'Empereur, & pere de la legitime Imperatrice , & quelques Mandarins qu'il leur nomma , s'y trouvent avec luy pour me ſeconder; car je vous aſſeure que nous avons de puiſſans adverſaires à combatre.

Donc le 24. d'Aouſt ſe fit la 4e. Aſſemblée, où les Peres preſenterent un Ecrit , où ils montroient évidemment que l'Empereur defunt non-ſeulement n'avoit iamais defendu la publication de noſtre ſainte Loy ; mais au contraire avoit témoigné qu'il l'avoit en eſtime,& qu'il l'avoit touſiours favoriſée. Ce qu'ils prouverent par les meſmes raiſons que vous trouverez couchées dans la Relation. En confirmation deſquelles ils produiſirent un portrait du venerable vieillard & grand ſerviteur de Dieu, le pere Nicolas Longobardo , que l'Empereur avoit fait peindre aprés ſa mort en habit de predicateur de l'Evangile avec le ſurplis & l'étole ; & dont aprés l'avoir gardé longtemps dans ſon palais,il avoit fait preſent au pere Adam. Par où il eſtoit aiſé à voir que l'Empereur défunt étoit tres bien informé que nous preſchiõs la Loy de Dieu dans ſon Royaume. Aprés quoy les Peres cõclurent leurs remõtrances par ces paroles; Peut-eſtre que la raiſon qui empeſche que nôtre ſainte Loy ne ſoit receuë dans la Chine, eſt parce qu'elle vient d'un païs étranger. Mais les Sectes des Bonzes, de Kama, & des Mores, ne ſont elles pas venuës d'un pays étranger, & cependant on les a receuës, & il n'y aura que la ſeule Loy de Dieu, ſainte & irreprochable, qu'on ne veut point admettre; & cependant elle enſeigne à adorer & à ſervir un premier principe, à aimer les hommes & à les ſecourir dans leurs neceſſitez. Ce diſcours des Peres fut écouté avec applaudiſſement, & dés ce iour-là on euſt donné ſentence en nôtre faveur, n'euſt eſté qu'il vint un ordre de l'Empereur, d'examiner devãt que de partir, la cauſe des 4. Mãdarins de la Mathematique privez iniuſtemẽt de leurs offices par Yam-quam-ſiem.

Le 28. d'Aouſt ſe tint la derniere Aſſemblée où il y eut trois Princes qui furent d'avis qu'on nous permiſt, ou de preſcher la Loy de Dieu, & de faire des Chreſtiens ſans ouvrir nos Egliſes, ou d'avoir des Eglises ouvertes sans prescher la Loy de Dieu. Mais cette proposition estoit si peu raisonnable qu'elle fut reiettée ; & deux Princes opinerent qu'il falloit nous rétablir dans la mesme liberté de prescher la Loy de Dieu, dont nous ioüissions avant la persecution : & leur avis fut suivy, nonobstant la resistance du Lypou, qui pour empescher qu'on ne nous rappellast à la Cour afin de nous renvoyer à nos Eglises, dit, que toutes nos Eglises estoient détruites ; ce qu'il disoit contre sa conscience, ayant asseuré à l'Empereur vn peu auparavant qu'elles étoient encore sur pied. Pour conclusion donc, apres ce jugement les Peres ont écrit à ceux de Canton qu'il leur est permis d'ouvrir leur Eglise, & de prescher l'Evangile dans Pekim; qu'ils alloient ouvrir celle du Pere Adam, où ils devoiẽt demeurer tous trois, la maison leur ayant esté entierement restituée ; & que si l'Empereur deffend dans les Provinces, ce qu'il permet aux Peres dans Pekim, ce n'est pas qu'il condamne nostre sainte Loy, comme il appert par son Edit & par la permission qu'il a donnée aux Peres ; mais seulement parce que quelques ennemis de noſtre ſainte Loy qui ſont encore aupres de ſa perſonne, luy ont fait apprehender que s'il donnoit plus grãde liberté aux peres de preſcher la Foy dans tout ſon Royaume, il y auroit une infinité de perſonnes qui l'embraſſeroient, & qu'il y auroit danger que les Chrétiens venans à ſe multiplier, ne ſe rendiſſent les maiſtres, & que par leur moyen les autres Chrétiens d'Europe n'uſurpaſſent l'Empire de la Chine. Les peres ne deſeſperent pas d'obtenir cette liberté avec le temps. Comme ils ont grand accés auprés de l'Empereur, ils pourront le trouver en quelque bonne humeur qui leur donne la hardieſſe de le ſolliciter & de luy oſter cette vaine apprehenſion qu'on luy a donnée, & qui le retient encore & l'empêche de nous accorder ce que nous ſouhaitons. Dieu luy changera le cœur, quand il luy plaira.

Or depuis les deux Lettres dont ie viens de rapporter le contenu, on en a receu vne troiſiéme du Pere Iean Baptiſte Maldonat Ieſuite, qui eſt dattée de Macao du 9. Decembre 1670. En voicy le ſommaire. Il y a deux ans que l'on aborde librement de Macao a tous les ports de la Chine, les Magistrats Chinois le dissimulant plutost qu'en donnant une permission expresse. Nous attribuons cét heureux restablissement du commerce, à trois causes. La premiere est l'assistance de S. Xavier que la Ville de Macao a prise pour son protecteur. La seconde l'asseurance où sont les Tartares, qui possèdans la Chine paisiblement depuis vn long-temps, se défient moins des estrangers qu'ils ne faisoient au commencement qu'ils s'en furent rendus les Maistres. La troisiéme est l'Ambassade honorable que le Vice-Roy des Indes a envoyée à l'Empereur de la Chine, au nom du Roy de Portugal. Car elle a esté fort bien receuë apres deux ans que les Chinois (depuis qu'ils en ont eu la nouvelle) ont employé à déliberer si l'Empereur la recevroit & de quelle maniere. L'Ambassadeur se mit en chemin le premier de Ianvier 1670. pour se rendre à Pequin qui est la Ville Royale. Il a esté logé & deffrayé pendant son voyage, aux dépens de l'Empereur, selon la coustume de la Chine. Nos Peres qui demeurent à Pequin, avoient publié de luy tant de bien, que cela a esté cause qu'on luy a fait une reception

ception plus honorable qu'on n'avoit fait à tous les autres Ambaſſadeurs, qui eſtoient venus à la Chine, juſqu'alors. Il traitta une demie heure toute entiere avec l'Empereur ſeul à ſeul, le Pere Verbieſt leur ſeruant de truchement; & pendant cét entretien l'Empereur rabbatit beaucoup de la gravité, avec laquelle les autres Empereurs recevoient les Ambaſſadeurs, auſquels ils ne ſe faiſoient point voir; mais eſtans cachez derriere une façon de paravent, ils obligeoient les Ambaſſadeurs de leur expoſer de fort loin à genoux & à haute voix, les demandes qu'ils avoient à leur faire. Mais celuy-cy, en amy, pluſtoſt qu'en Empereur, ſe preſentant à découvert à l'Ambaſſadeur, luy demanda familierement cõment il ſe portoit; puis il l'interrogea de quantité de choſes d'Europe, auſquelles il prend plaiſir. Et aprés que l'Ambaſſadeur luy eut fait les preſens magnifiques du Roy de Portugal, il luy en rendit de plus magnifiques encore. Il ordonna qu'on luy fourniſt, & à tout ſon train, des vivres quatre fois plus, qu'on n'en avoit donné aux autres Ambaſſadeurs: Qu'on le logeaſt dans un ſuperbe Palais: Que deux de ſes

Medecins le visitassent souvent, & prissent soin de sa santé: Enfin il n'y a point de sorte d'honneur dont il n'ait vsé en son endroit, comme par un privilege particulier, & en tesmoignage d'estime tout extraordinaire. L'on a attribué ce procedé de l'Empereur, aux discours que nos Peres luy avoient tenu de la grandeur du Roy de Portugal; & principalement à la faveur où nos peres & nommément le pere Verbiest* est auprés de luy, tant pour sa grande vertu, que pour sa rare science aux Mathematiques.

Vne Relation que l'on envoyera bientost en Europe, racontera les choses singulieres, & tout à fait admirables qui se sont faites à Pequin, par le moien du Pere Verbiest. I'en effleureray seulement icy quelques vnes. Le soin de la Mathematique (qui est la science la plus estimée dans la Chine, & l'employ le plus considerable) luy a esté confié uniquement, apres que l'on a déclaré, que ceux qui l'avoient blâmé dans cette sorte de connoissance, avoient eu tort. Le refus qu'il a fait de la qualité de Mandarin, a beaucoup accrû l'estime qu'on a de nostre profession Religieuse, de ne point accepter de dignitez, & moins encore de les rechercher. La pompe funebre du feu Pere Iean Adam, & sa memoire qu'on a fait revivre par tout l'Empire, dans les éloges qu'on a publiés de luy, ont fait reconnoistre que la Providence de Dieu se plaist à mesler la vie des hommes de prosperitez & d'adversitez. Ce Pere un peu avant sa mort, avoit souffert des traittemens tres indignes de son innocence, & quelque temps apres sa mort, son innocence a esté restituée par des honneurs aussi considerables, qu'ont esté ceux qu'on luy a rendus : Celuy au contraire qui l'avoit persecuté, ayant esté condamné à la mesme infamie, & aux mesmes peines qu'il avoit voulu luy faire souffrir. L'Eglise de pequin est maintenant frequentée d'vn concours de Fidelles si nombreux, que les jours de Festes, elle n'est pas assez grande pour les contenir tous. La loy Chrestienne a esté approuvée sainte par vn Edit qui s'imprime à Canton, & qui se publiera par toute la Chine. Les Peres qui sçavent les Mathematiques, esperẽt la permission de retourner à Pequin, & les autres l'attendent aussi aprés. Par tout les Neophytes se multiplient de jour en jour, & ont la liberté de faire leurs assemblées sans qu'on leur fasse de peine. Ils les font avec ferveur, avec modestie, & avec constance sous la conduite des Directeurs que les Peres encore detenus à Canton, leur envoyent en diverses Eglises, pour gouverner les Congregations de S. Xavier, de la mesme façon que l'on se comporte en Europe dans les Congregations de Nôtre-Dame

Tous ces bons succés me font inviter ceux principalement qui sçavent les Mathematiques, de demander cette mission, & d'y venir avec le Pere Prosper Intercetta (qui est allé en Europe, Procureur de la Chine) lors qu'il retournera icy. La moisson qui doit les y convier, est si ample, que le dénombremẽt que l'Empereur de la Chine a fait faire cette année, de ceux qui habitent ce pays, en ne comptant que les masles, depuis l'âge de dix ans jusqu'à soixante, est monté jusqu'à plus de deux cens millions ; de sorte que la seule Chine a plus de personnes que n'en a toute l'Europe ensemble.

Pour ce qui est des Royaumes voisins, deux de nos Peres déguisez sont dans le

Tunquin; le Pere Philippe Marini, nõmé à l'Evesché de la Chine, preparera le chemin à d'autres, si son Ambassade reüssit. Il n'y en a qu'un dans la Cochinchine, lequel y travaille avec bien du succés; d'autres se disposent à Camboya pour y aller, & nous sommes plusieurs icy, tous prests à nous y transporter aussi tost que nous aurons appris que la persecution est diminuée; car il ne faut pas seulement que nous suivions nostre zele, & nostre courage, mais que nous ayons égard à ce que la prudence demande de nous, de peur que nous n'irritions temerairemẽt les esprits des Roys payens. La meilleure disposition où la Chine est presentement, facilitera beaucoup nôtre entrée dans les autres Roïaumes. On nous a donné toute permission d'exercer nos ministeres dans ceux de Camboya, & de Siam. Nous aurions besoin d'un autre Saint-Xavier, pour entrer dans le Iapon, dont les advenuës sont toûjours fermées, & où la persecution est toûjours fort grande.

Ie mettray fin à ma lettre, dit le Pere Maldonat, par quelques evenemens arrivez dans la mission de la Chine, & dãs le

Iapon, qui rendent les affaires du Christianisme recommandables. Vn Chrestien dans l'Eglise de la Chine, appellée Xamhay, voulant destourner de sa maison vn incendie qui avoit déja consumé les voisines, remply de foy & fortifié d'une ardente priere, prend une image de Nôtre Seigneur, & la presente aux flammes qui alloient gaigner le toit de sa maison: Ce qu'il n'eut pas plûtôt fait, qu'au grand estonnement d'vn prodige si extraordinaire, de toute une multitude de Gẽtils, il vid l'impetuosité des flâmes se rallãtir, de même que s'il eût jetté sur elles une grande quantité d'eau. Dans la mesme Eglise, vn serrurier qui à force de manier du feu estoit devenu aveugle, ayant oüi parler du danger de se damner, auquel vn Neophyte s'estoit exposé en se servant des superstitions des Gentils, pour se guerir d'une maladie; transporté de zele pour luy, se met en chemin sur l'heure mesme, & sans prendre de guide, ny autre compagnie que Dieu qui l'avoit inspiré, marche une lieuë toute entiere, où estoit la maison du malade, luy parle, & luy remontre si efficacement son peché, qu'il le porte à en faire penitence, & quelque temps apres le malade mourut heureusement tout plein de regret de sa faute.

Dans vn bourg de la Province de Canton, que les Missionaires du Iapon cultivent, vne Magicienne ayant esté interrogée par vne femme qui estoit en peine de ce qu'estoit devenu son mary, mort dans le Christianisme ; luy respondit, ou plustost le Diable par sa bouche, qu'elle ne sçavoit rien de ce qui regardoit les ames des Chrestiens, à cause qu'elles n'estoient pas de son ressort, & ne luy appartenoient pas. Vn autre femme estant devenuë phrenetique par la force d'une maladie, & cherchant vn estang pour s'y précipiter, tomba en chemin, & se blessa mortellement. On la fit coucher, & pendant qu'elle estoit au lit, un venerable vieillard luy apparut, auquel ayant demandé qui il estoit, il répondit, ie suis Dieu, & ie viens pour vous sauver. A quoy cette femme, qui avoit oüi parler du Baptême des Chrêtiens, repartit, Vous plaist-il me donner le Baptême? Le Vieillard dit, ie le veux, & disparut en mesme temps. La femme fit prier vn de nos Peres, de la venir voir, auquel ayant raconté ce que ie viens de dire,& luy ayant demandé le baptême, le Pere l'instruisit, la baptisa, & aussi-tost apres elle mourut.

Nous avons eu une autre lettre écrite de Canton, par le Pere Chrestien Fertric, au R. P. Philippe Miller Confesseur de l'Empereur, laquelle marque les choses suiuantes, qui ne sont pas dans cette Relation.

1. Que ce Gouuerneur Patrocum accablé d'affliction, estoit mort de rage dans sa prison.

2. Que Dieu s'est vengé enfin de la malice d'Yamquamsiem, autheur principal de la persecution suscitée contre les Chrestiens : car il l'a frappé d'une maladie pestilente, & tres-vilaine, qui luy a fait souffrir une mort cruelle, plus déplorable, que tous les excés, qu'ont soufferts plusieurs innocens par ses calomnies.

3. Toute la Chine, & principalement la Cour du Roy, a reconnu la vengeance diuine manifeste des crimes de ces persecuteurs, & la defense de la Religion Chrestienne, comme aussi de l'innocence de ses Predicateurs.

4. Que

4. Que la Sentence de l'assemblée des Princes du Sang, & des grands Mandarins, convoquée pour l'affaire de nostre sainte Loy, declaroit cét Yamquamsiem un meschant homme, & digne de toute execration, qu'il auoit injustement calomnié la Religion Chrestienne, comme fausse & mauuaise; Que par la seule authorité de Patrocum il auoit osé commettre tous ces crimes; Que nous auions esté chassez de nos Eglises, & releguez à Canton, par la seule violence de son accusation tres-injuste, & par une pure haine de la Foy. Qu'on a fait une reparation publique, & solemnelle d'honneur à la Religion Chrestienne, que les Mandarins degradez de leurs charges pour la seule cause de la Foy, y ont esté rétablis, que tous ceux, qui pour le mesme sujet, avoient esté accusez, ou mesme punis de quelque peine, ont esté absous à pur & à plein, & declarez entierement innocens.

5. Voicy quelques expressions plus remarquables, & plus precises de cette Sentence. *Aprés que nous auons serieusement examiné la Loy du Seigneur des Cieux, nous avons découvert qu'elle ne con-*

tient rien de mauvais, ny qui tende à la rebellion : c'est pourquoy nous iugeons qu'elle doit estre permise à tous ceux qui l'ont déja embrassée, afin qu'ils en fassent desormais profession, avec la mesme liberté qu'ils ont euë jusqu'à present,

6. On n'avoit jamais pû tant obtenir en faveur de la foy Chrestienne dans la Chine depuis quatre-vingts ans, que nos Peres ont commencé à l'y prescher ; car c'est une approbation authentique du Conseil le plus haut & le plus considerable de cette grande Monarchie.

7. Comme dans cette Sentence il y avoit une restriction, que les Peres ne pussent plus prescher l'Evangile, le Pere Ferdinand Verbiest a si puissamment agy auprés de l'Empereur, tant par ses prieres, que par ses larmes, qu'enfin il a impetré & pour soy, & pour ses deux Compagnons, qui sont avec luy à Pequin, un plein pouuoir de prescher l'Evangile. L'Empereur de sa pure grace, & de son plein gré, sans en estre requis davantage, le confirma dés le iour suivant. A cét effet sa Majesté envoya dél le mesme, deux de ses Gentils-hommes aux Peres, afin de les avertir, & de leur

ordonner de sa part, qu'ils presentassent une Requeste, en suite de laquelle cette grace estant signée de sa propre main, elle eût plus de force, & plus d'authorité.

8. Les Peres presenterent en diligence la Requeste par trois fois, mais les Officiers refuserent autant de fois de la receuoir. Dans cét entre-temps l'Empereur s'absentá de la Cour, pour prendre le diuertissement de la Chasse, ainsi on ne pût passer outre.

9. Vn des Gentils-hommes de l'Empereur a asseuré aux Peres, qu'il l'auoit entendu dire en gemissant : *I'ay failly, en prestant les oreilles trop facilement à un, ou à deux des miens : car surpris de leurs fausses informations, j'ay condamné la Loy Chrestienne, que je connois maintenant estre bonne & sainte.* Il est à remarquer, que l'Empereur témoignoit ces regrets, aprés auoir leu l'Apologie, que le Pere Buglio auoit tout recemment imprimée pour la Loy Chrestienne.

9. Pendant que les Peres de Pequin consolez, & animez de ces choses fauorables, conçoiuent de plus grandes esperances, voilà que soudainement s'éleue vn tourbillon, & la crainte d'une nou-

uelle tempeste les saisit. Dans la Prouince de Fokien. Le Pere François de Varo d'vn saint Ordre se tenoit caché chez vn Chinois Chrestien. Le Magistrat l'ayant sceu le fit mettre en prison, son procés fut instruit, & acheué en peu de jours, & aussi tost enuoyé à Pekin au Tribunal des Rites, d'où il fut presenté à l'Empereur, par surcroit de malheur, comme si ce premier n'eust pas esté suffisant. Le Pere Dominique Nauarret du mesme Ordre s'est enfui de la prison de Canton à l'inceu de tous les autres releguez. Ces deux accidens font craindre, que les choses ne se troublent de nouueau.

Aprés tous les Peres de Pekin, appuiez sur la bonté de Dieu, ne laissent pas d'esperer d'obtenir au plustost de l'Empereur, vn pouuoir plein, & general, de prescher l'Euangile dans tout son Estat. Il semble s'en estre assez clairement expliqué luy mesme tout fraischement lors qu'il a asseuré parlant des Peres qu'il luy estoit certain, & tout notoire, *qu'ils n'estoient venus à la Chine à autre intention, que pour enseigner aux Chinois la tres-sainte Loy de Dieu, & que c'estoit le soul but de tous leurs trauaux.*

10. Entre ceux, qui dans cette Cour portent l'auancement de la Religion Chrestienne, & qui nous acquierent la bien-ueillance des Princes, & des autres grands de la Cour, les deux plus qualifiez sont l'oncle, & le beau-pere de l'Empereur, qui nous sont tres-affectionnez.

11. L'Empereur à fait faire les obseques du Pere Iean Adam, auec toute la splendeur, & toute la magnificence possible ayant voulu fouruir de son espargne la meilleure partie de la depense. Ainsi, ce genereux, & infatigable Missionaire, aprés auoir cultiué par ses rares talens, de prudence, de pieté & de science, l'Eglise naissante de la Chine, l'espace de cinquante ans, parmy des trauaux incroyables, fut mis selon la conduite, dont Dieu, vse souuent enuers ses plus grands seruiteurs, dans la fournaise de la tribulation, à la fin de sa vie, par les facheuses maladies, qui l'affligerent au corps, & par les noires calomnies, dout il fut outragé, & accablé en sa reputation, jusques à estre condamné à vne mort égalemeṇt cruelle, &

ignominieuse d'estre haché tout vif en pieces.

Mais Dieu, qui fait de la suite de la vie de tous les Saints, comme vn tissu, & vne chaisne admirable de maux, & de biens aprés toutes ces souffrances, dans lesquelles il a épuré, & afiné la vertu du Pere Iean Adam, la releué enfin au comble de la gloire, & par les chastimens exemplaires de ses aduersaires, & par la declaration publique de son innocence, & par le restablissement de sa reputation en son plus haut lustre, ordonné par vn Arrest du Conseil le plus haut de ce grand Empire. Enfin par les honneurs, que l'Empereur mesme luy a rendus aprés sa mort, en ces funerailles si magnifiques.

Durant le sejour, qu'à fait l'Ambassadeur du Roy de Portugal, à Pekin, où il a esté receu, & traité tres-honorablement, & au dessus de tout ce que cette Cour fait aux Ambassadeurs des autres Ambassadeurs on n'a point jugé à propos de parler des choses de la Religion Chrétienne; Mais dés qu'il sera parti d'icy les Peres agiront auec toute l'application, & auec toute la vigueur, qu'ils pourront pour les remettre dans leur premier Estat.

12. L'oncle de l'Empereur, & le President du Tribunal des Rites, ont desia offert aux Peres leur credit pour faire venir à Pekin, ceux d'entre les Peres releguez à Canton, qui sont sçauans dans les Mathematiques. Le Pere Fertrich l'vn de ces Peres a esté nommement inuité par l'Oncle de l'Empereur de s'y rendre au plustost; Mais on differe de peur que cette grace ne se fasse qu'à peu, & que les autres en estant exclus, leur exil ne leur soit plus dur, & que l'esperance du retour ne soit moindre, bien que selon toutes les apparences on la Iuge grande, & tres-bien fondée. Nous nous en remettons entierement à la volonté de Dieu; puisque son accomplissement fait tout nostre bon-heur, & toute nostre joye.

FIN.

A PARIS,
De l'Imprimerie de IEAN HENAVLT, Imprimeur, Libraire-Iuré, ruë S. Iacques, à l'Ange-Gardien, 1672.

www.ingramcontent.com/pod-product-compliance
Lightning Source LLC
LaVergne TN
LVHW050431160826
845677LV00002BA/662
9782329681962